Hans-Ulrich Kreß, Hansi Hungerige

BOCHUM

Gestern und heute –
Eine Gegenüberstellung

Wartberg Verlag

In unserer Reihe „Bilder aus Bochum“ sind bisher erschienen:

(1) Bochum – Ein verlorenes Stadtbild
(2) Bochum – Ein Bildband in Farbe
(3) Bochum – Auf den ersten Blick
(4) Bochum – Gestern und heute – Eine Gegenüberstellung

Fotonachweis: Historische Fotos, Hansi Hungerige; Farbfotos, Hans-Ulrich Kreß

1. Auflage 2000

Druck: Bernecker, Melsungen
Buchbinderische Verarbeitung: Büge, Celle

34281 Gudensberg-Gleichen, Im Wiesental 1, Tel. 05603/93050
ISBN 3-86134-669-9

Im Wandel der Zeiten

Bescheiden und beschaulich war die Entwicklung der heute um die 400.000 Einwohner zählenden Großstadt Bochum im Herzen des Ruhrgebiets über Jahrhunderte hinweg. Erstmalig taucht Bochum um das Jahr 900 in einem Heberegister des 804 gegründeten Klosters Werden auf. 1321 folgte die Verleihung der Stadtrechte. Nach der Herrschaft der Herzöge von Jülich und Kleve fiel das friedliche Landstädtchen Anfang des 17. Jahrhunderts an Brandenburg-Preußen. 1806 wurde Bochum unter Kaiser Napoleon für neun Jahre französisch regiert. 1500 Bürger lebten damals in seinen Mauern.
Enge, verwinkelte Gassen und gemütliche, fast dörfliche Fachwerkhäuser prägten das Bild der Bochumer Innenstadt. Zwar wird die Stadt zusammen mit ihren Nachbarstädten Witten, Sprockhövel und Hattingen als Wiege des Ruhrbergbaus genannt, der aber klopfte beim Wechsel vom 18. zum 19. Jahrhundert zunächst mehr als bescheiden an die Tür der Bochumer Stadtgeschichte. Im gewissen Sinn wurde Bochum in den kommenden Jahren rasanter Industrialisierung zur Innovationsstätte der aufblühenden Region an der Ruhr.
Im 18. Jahrhundert beschränkte sich der Bergbau im wesentlichen auf Stollenzechen im Ruhrtal. Der Übergang zum Tiefbau, der die reichen Kohlevorkommen im Bochumer Raum erschloß, wurde mit dem Durchteufen der Mergelschichten auf der Zeche Präsident 1841 vollzogen. Technisch möglich wurde er durch den Einsatz von Dampfmaschinen zur Förderung des Grubenwassers.
Von nun an überschlug sich die Entwicklung. An allen Ecken und Enden schossen die Fördertürme der Kohlezechen wie der Spargel aus dem Boden. Die Eisen- und Stahlindustrie kam zur Blüte, nachdem Jacob Meyer den Stahlformguß erfunden und zusammen mit dem Kaufmann Eduard Kühne den späteren Bochumer Verein gegründet hatte. Die Steinkohle als Grundstoff der Chemischen Industrie erkannte Dr. Carlos Otto. Aus seinen Fabriken gingen später die Ruhr-Stickstoff-AG und die Aral hervor.
Die Einwohnerzahl Bochum schnellte infolge der Industrialisierung von den bereits genannten 1500 Seelen 1806 auf 20.000 Köpfe im Jahr 1870 herauf. Zur Wende vom 19. zum 20. Jahrhundert war die Zahl der Bochumer auf 64.000 angestiegen. Durch die Eingemeindungen selbständiger Orte in den Jahren 1904, 1926 und 1929 sowie weiterer Zuzüge von außerhalb wurde aus Bochum eine bedeutende Großstadt mit über 320.000 Einwohnern.
Das ging nicht spurlos am Stadtbild vorüber. Die gemütliche Altstadt wurde mehr und mehr von einer in den wilhelminischen Gründerjahren gebauten Neustadt umgeben. Man wußte, wer man war, was man geleistet hatte und in der Geldbörse verwahrte. Entsprechend repräsentativ fielen die Wohnhäuser und Villen dieser Phase aus. Dazu kamen prächtig gestaltete Parkanlagen und bedeutende Flaniermeilen. Nach innen wollte es sich der Bürger gutgehen lassen und nach außen demonstrieren, daß Bochum zu einer bedeutenden Stadt herangewachsen war. Daneben existierten die Arbeitervorstädte, in denen die Bergleute und Stahlkocher in ihrer Kolonie direkt neben Förderturm oder Hüttenwerk im Lärm und in den Abgasen der Hütten und Kokereien wohnten. Dafür aber hinter ihrem Koloniehaus einen Garten hatten, in dem neben der Gemüsezucht auch fleißig Schweine gemästet, Ziegen gemolken, Kaninchen gefüttert und Hühner gehalten wurden.
Sein über Jahrhunderte gewachsenes Gesicht verlor Bochum in den Bombennächten des letzten Krieges. Vor allem die Angriffe im Frühjahr 1943 und im Herbst 1944 legten das alte Bochum in Schutt und Asche. Allein bei dem Angriff im November 1944 waren 4100 Menschenleben zu beklagen. Bis heute sind nicht alle Spuren des Krieges restlos aus dem Bochumer Stadtbild getilgt. Die Ruine von Schloß Weitmar soll – in einem Park gelegen – an den Schrecken des Krieges erinnern. Auch einige Kirchtürme tragen bis heute statt ihres ursprünglichen spitzen Turms eine stumpfe Haube.
Zweckmäßiger Wiederaufbau schnell und billig, lautete 1945 das Gebot der Stunde. Der Schutt mußte aufgeräumt, Ziegelsteine, die wiederzuverwenden waren, verbaut und beschädigte Wohnungen und Werkstätten umgehend instand gesetzt werden. Daß dabei nicht auf Schönheit und Repräsentanz geachtet wurde, ist klar.
Später, als die gröbste Not gelindert war und das Wirtschaftswunder auf Hochtouren lief, wurden Auto und Verkehr zum Maß aller Dinge. Die autogerechte Stadt wurde auch in Bochum zum beherrschenden Wertmaßstab, über dem nur zu oft menschliche Maßstäbe auf der Strecke blieben. Ende der 50er Jahre setzte für Bochum ein weiterer einschneidender Umschwung ein. Hatten Kohle und Stahl nach dem Krieg als Motor der Wirtschaft funktioniert, schlitterte zunächst der Bergbau in die Krise. Zwischen 1960 und 1964 machten allein acht Bochumer Bergwerke dicht. Als letzte Bochumer Zeche schloß 1973 Hannover Hannibal. Dem Stahl ging es nicht viel besser. In Bochum gibt es keinen einzigen Hochofen mehr.
Strukturwandel war und ist immer noch angesagt. Es wurden zukunftsweisende Industrien angesiedelt. Firmen wie Opel, mit mehreren Werken, und Nokia sind hier unter anderem zu nennen.
Wie zu Beginn der Industrialisierung stellen Forschung und Bildung ein wichtiges Standbein für Bochum. Allein die Universität zählt heute über 30.000 Studenten. Dazu kommen die Lernenden an den verschiedenen Fachhochschulen der Stadt.
Auch die Bereiche Freizeit und Dienstleistung befinden sich in Bochum auf dem Vormarsch. Erinnert sei hier an den „Starlight-Express“ oder das IMAX-Kino, die zusammen unzählige Besucher von außerhalb in die Stadt locken.

Einen Blick auf die Bochumer Innenstadt über die Schienen der Eisenbahn hinweg fing der Fotograf zu Beginn der 30er Jahre ein. Überragt wird die Silhouette von dem Glockenturm der Propsteikirche. Rechts erkennt man das 1927 bis 1931 gebaute Rathaus, hinter dem die Christuskirche steht. Im Hintergrund am rechten Bildrand stehen die Schornsteine des „Bochumer Vereins für Gußstahlfabrikation". Die Gleisanlage gehört zum Nordbahnhof.

Beim Blick von der Lohbergbrücke hat sich dem ersten Anschein nach in den siebzig Jahren, die zwischen den beiden Aufnahmen liegen, nichts Entscheidendes verändert. Immer noch dominiert die Propsteikirche das Zentrum des Bildes. Verschwunden sind die Fabrikschlote. Hinzugekommen sind die beiden Türme der Twin-Towers (links), in denen sich das Hotel „Holiday-Inn“ befindet. Der Nordbahnhof dient heute allein dem Güterverkehr.

Kaum wiederzuerkennen ist die Perspektive von der Castroper Straße über den Schwanenmarkt in die Große Beckstraße. Über den von einem Baum auf einer Verkehrsinsel überschatteten freien Platz des Schwanenmarktes fließt heute vierspurig der Verkehr des Nordringes. Die historischen Gebäude rechts wurden im Krieg zerstört. Im Zuge der Verkehrsneuplanung wurden sie nicht wieder errichtet.

Unbeschadet hat das Stammhaus der Brauerei Rietkötter als einziges erhaltenes Altstadthaus die Schrecken der Bombennächte des Krieges überstanden. Zu Recht dient die Traditionsgaststätte mit ihrer über 200jährigen Geschichte als Orientierungspunkt in der Bochumer Altstadt. Sie ist Treffpunkt für Einheimische und Besucher. Vor allem im Sommer lädt der Biergarten unter dem mächtigen Kastanienbaum zu kühlem Bier und deftigen Speisen ein.

Elf Stufen führten früher von der Ebene der Unteren Marktstraße auf den Alten Markt. Der Platz befand sich auf dem Niveau der Oberen Marktstraße. Der Blick ging frei vom Markt am Kuhhirtendenkmal, das an den letzten Bochumer Kuhhirten Kortebusch erinnert, in die Pariser Straße. Heute ist der Platz abgesenkt. Von den elf sind nur noch vier Stufen an ihrer ursprünglichen Stelle erhalten. Die anderen Stufen der Treppe sind ans Ende des Marktes gerückt. Hier geht es hinauf zur Bongardstraße, wie die Obere Marktstraße heute heißt.

Erhalten ist in der Bleichstraße das Pfarrhaus der Propstei, gebaut von 1898 bis 1900, am linken Bildrand. Zerstört wurde der Eingang des Elisabethkrankenhauses. Die Vorderfront des Krankenhauses wurde Anfang der 60er Jahre neu gestaltet.

Ein Meilenstein in der Geschichte des Bochumer Einbahnverkehrs war die Inbetriebnahme des Rheinischen Bahnhofs am 15. Oktober 1874. Vom 19. November desselben Jahres an wurde die Strecke Bochum-Nord, wie der Rheinische Bahnhof später genannt wurde, über Langendreer, Lütgendortmund, Dorstfeld nach Dortmund und Hoerde freigegeben. Für den Personenverkehr verlor der Nord-Bahnhof im Laufe der Zeit seine Bedeutung. Heute ist er ein Zentrum des Güterverkehrs.

Gebäude, die erst nach dem Krieg entstanden, sind im Einzelfall bereits wieder Geschichte. Während die 1955 gebauten Stadtwerke ihr Domizil behielten, mußte das zur gleichen Zeit gebaute Arbeitsamt der großzügigen Anlage der Twin-Towers, dem Hotel „Holiday-Inn“, in den 90er Jahren weichen.

Im Haus des Kolonialwarenhändlers Friedrich Dickmann, Hellwegstraße 32, dem hellen Gebäude am rechten Bildrand, das in der Zwischenzeit aufgestockt wurde, befindet sich heute die „Café/Bar Zentral“, heute Luisenstraße 15-17. Das Hotel „Monopol“ mit seiner prächtigen Fassade wich einem funktionalen Zweckbau. Bei dem Häuschen mit dem kleinen Park im Vordergrund handelt es sich um die alte Waage. An ihrer Stelle befindet sich heute ein moderner Verkaufspavillon.

Friedrich Dickmann
Drogen-
Material-
Colonialwaren &
Kaffee-Röstere

„Café Sievers“ (links) und „Restaurant H. Homberg“ (rechts) markierten die Kreuzung Friedrichstraße/Rottstraße. Die Friedrichstraße war damals schon eine Einkaufs- und Flaniermeile erster Ordnung. Noch pulsierte aber hier der Verkehr. Sogar eine Straßenbahnlinie führte an den verspielten Fassaden vorbei.

Die schmale, enge Rottstraße wurde nach dem Krieg zum breiten, vierspurigen Südring ausgebaut, der nur noch mit Ampeln zu überqueren ist, während die Friedrichstraße heute in die Kortumstraße einbezogen ist. Fußgänger lädt sie zum Bummeln ein. In das „Café Sievers“ zog ein Optikerfachgeschäft ein.

Um die Jahrhundertwende führte die Hochstraße im Vordergrund auf die im Volksmund „Drehscheibe“ genannte Kreuzung mit der Bongardstraße zu. Hinter der Stehbierhalle Höwing begann die Kortumstraße. Im Zuge der dritten Eingemeindung am 1. August 1929 wurden die Bahnhofstraße, Friedrichstraße, Hochstraße und Heinrichstraße zum 20. Oktober desselben Jahres mit der Kortumstraße zu dem gleichnamigen Straßenzug zusammengefaßt. 1947 wurde auch die Kaiser-Wilhelm-Straße in die Kortumstraße „eingemeindet“.

An der Stelle der Stehbierhalle Höwing erhebt sich heute der zentrale Punkt der Bochumer Geschäftswelt. Hieß die Kreuzung früher „Drehscheibe“, trägt heute das neue Geschäftshaus diesen traditionellen Namen.

Jedes Stadtbild unterliegt einem permanenten Wandel. Das wird besonders deutlich an der Gegenüberstellung der beiden Bilder der Bongardstraße in Höhe der Drehscheibe mit Blickrichtung auf das Rathaus und die Christuskirche. Kurz nach dem Krieg waren die zum Teil provisorisch beseitigten Bombenschäden noch deutlich sichtbar. Die Bongardstraße war bereits zur mehrspurigen Hauptverkehrsstraße ausgebaut. Heute steht der Bau einer U-Bahn an.

SALAMANDER

Sein charakteristisches Aussehen hat sich der Sitz der Sparkasse Bochum seit seinem Bau 1925-28 über die Jahrzehnte erhalten. Nach Plänen des Architekten Wilhelm Kreis nach einem Wettbewerb errichtet, wurden an dem öffentlich-rechtlichen Geldinstitut Kriegsschäden beseitigt. Zwei Erweiterungen in den 70er und 90er Jahren konnten dem Erscheinungsbild des Gebäudes, das seinen im Volksmund gebräuchlichen Namen „Bügeleisen“ zu Recht trägt, nichts anhaben.

Kaum etwas hat sich hingegen auf diesem Bildpaar im Gegensatz zu dem vorhergehenden erhalten. Der Betrachter muß schon genau hinsehen, wenn er an dem Haus links, das an der Ecke Hellweg, Bongardstraße und Massenbergstraße liegt, ein Detail wiedererkennen will. Allein der Erker über der großen Werbetafel zeigt, daß es sich um das erhaltene alte Gebäude handelt.

Völlig verändert hat sich seit der ersten Aufnahme 1920 der in Imbuschplatz umbenannte Kaiser-Friedrich-Platz. Wo heute der Westring den Platz zerschneidet, mündete damals die Gneisenaustraße. Erhalten, wenn auch umgestaltet, sind rechts hinten das Redemptoristenkloster mit der zugehörigen Kirche und das Waisenhaus.

Multikulturell ging es an dieser Straßenecke in Bochum schon immer zu. Ab 1900 betrieb Otto Witter in dem Haus Dorstener Straße 1 seine Wirtschaft. Vorher schon entwickelte sich das Viertel hinter dem Kortländer, so heißt die Traditionsgaststätte auf der gegenüberliegenden Straßenseite, zum Zentrum der polnischen Intelligenz im Deutschen Kaiserreich. Polnische Zeitungen, Gewerkschaften und Banken waren hier ansässig. Eine Fassade trägt immer noch den Namenszug der polnischen Arbeiterbank „Bank Robotnikow". Heute bringen türkische Mitbürger südländisches Flair in das Bochumer Stadtquartier. Der türkische Wirt Mualla Almaz betreibt hier sein Kaffeehaus „Euro Pub".

Fast der gleiche Blick wie im Bildpaar auf Seite 22. Rechts abzweigend begann hier die Herner Straße. Am 23. November 1894 fuhr dort die erste elektrische Straßenbahn des Ruhrgebiets von Bochum zum Herner Bahnhof. Der Fahrpreis betrug für die einfache Strecke 30, für Hin-und Rückfahrt 50 Pfennige. Hinter dem Büdchen am linken Bildrand lugt der Giebel der heute noch existierenden Traditionsgaststätte „Am Kortländer“ hervor.

Ein Dorf mit ländlichem Charakter war Harpen 1910, als die historische Aufnahme geschossen wurde, sicher schon nicht mehr, auch wenn die Straße damals noch „Mittlere Dorfstraße“ hieß. Die Straße, der heutige Harpener Hellweg, war bereits aufwendig gepflastert, und in der Nachbarschaft existierten moderne Bergwerke. In dem Haus links, in dem sich heute die Gaststätte „Alt Harpen“ befindet, war zeitweilig die Harpener Postagentur untergebracht.

Das Pferdefuhrwerk auf der Herner Straße an der Kreuzung Poststraße im Stadtteil Riemke ist pulsierendem Autoverkehr gewichen. Während das Wohn- und Geschäftshaus links liebevoll restauriert wurde, haben die schmucken Giebel rechts schlichten Häusern Platz gemacht. Gegenüber der Kreuzung, im Rücken des Fotografen, förderte die Zeche „Constantin der Große“. Heute erinnert an das Bergwerk ein kleiner Park mit einem Denkmal, das der Volksmund „Knochen Karl“ getauft hat.

Nach Bochum eingemeindet wurde das Amt Werne 1929. In dem Gebäude ganz rechts, das 1898 im prächtigen, aufwendigen Stil der Jahrhundertwende errichtet wurde, war das Amtshaus mit der Verwaltung untergebracht.

1886 war Werne aus dem Samtverband Langendreer ausgeschieden und bis zu seiner Eingemeindung nach Bochum selbständig. Nachdem die Großschachtanlage Robert-Müser 1968 geschlossen wurde, sah es zunächst düster in Werne aus. Doch mittlerweile hat sich der Ort zum attraktiven Gemeinwesen gemausert.

Eine bedeutende Rolle als Verkehrsknotenpunkt spielte von 1908 an der Bahnhof Langendreer. Hier trafen verschiedene Bahnlinien aufeinander. Wichtiger als der Personenverkehr war auf dem Bahnhof Langendreer der Güterumschlag. Dieser wertete den Ort Langendreer als Industriestandort auf.

1983 hatte für den Bahnhof Langendreer als Verkehrsknotenpunkt die letzte Stunde geschlagen. Neue S-Bahnhaltepunkte machten ihn entbehrlich. Mit Kneipe, Konzertsaal und Programmkino spielt er heute eine wichtige Rolle in der Bochumer Kulturszene.

Erhalten blieb von dem Rittersitz Haus Langendreer, einstmals die größte Burganlage im Bochumer Raum, allein die Vorburg. Erstmals erwähnt wurde Langendreer in dem Heberegister des Klosters Essen-Werden 882. Die erhaltene Vorburg gründet sich auf Mauern, die vor dem 30jährigen Krieg errichtet wurden. In der „romantischen Epoche" des 19. Jahrhunderts wurde das Haus mit einem Treppchengiebel verziert.

Seit 1972 gehört das Haus Langendreer zum Landschaftsverband Westfalen Lippe. Er hat hier, landschaftlich idyllisch gelegen, die westfälische Schule für Körperbehinderte untergebracht. Seit April 1988 lautet der korrekte Name „Schule am Haus Langendreer".

Kaiserstraße hieß früher die Alte Bahnhofstraße in Langendreer. Wie ehedem führt sie durch das Zentrum der Ortschaft. Während die evangelische Lutherkirche (rechts) den Krieg fast schadlos überstanden hat, ließen Lufttorpedos von der katholischen Marienkirche im Hintergrund nur den Turmstumpf und Reste der Umfassungsmauern stehen.

Die erhaltenen Villen säumten die Wittener Straße in Höhe der Einmündung des „Glockengartens“ bereits zur Jahrhundertwende. Damals war noch Platz genug für einladende Gärten vor den Häusern.

Als bedeutende Ausfallstraße der Bochumer City wurde die Wittener Straße kräftig verbreitert. Die Gärten mußten weichen. Zusätzlich beanspruchen die Schienen der Straßenbahn Platz.

Am Reformationstag des Jahres1911 wurde die im Jugendstil erbaute und heute unter Denkmalschutz stehende Lutherkirche eingeweiht. Der Turm zeigt einen der wenigen noch heute im Bochumer Stadtbild sichtbaren Kriegsschäden. Der mächtige Turm wurde nicht wiederhergestellt, sondern trägt weiterhin seine provisorische kleine Haube. Besondern Eindruck auf den Betrachter der Kirche an der Klinikstraße macht das aus einem einzigen Block geschlagene, 40 Zentner schwere Kreuz am Vordergiebel.

Gegenüber dem Stadtparkeingang neben dem Stadtmuseum befindet sich das „Parkschlößchen“. Nach einem Spaziergang durch den grünen Teil der Bochumer Innenstadt oder einem Museumsbesuch lädt die Gaststätte, die ehemals Gastwirt Fritz Kollenberg gehörte, zu Erfrischungen und Stärkungen ein. In der kühleren Jahreszeit bietet eine beheizbare Terrasse Gemütlichkeit.

Von den Villen der noblen Goethestraße auf dieser Ansichtskarte hat keine den Krieg überstanden. Erhalten ist allein die an der Ecke Kortumstraße gelegene, Ende des 19. Jahrhunderts gebaute Villa Marckhoff/Rosenstein (am rechten Bildrand). Sie gehört heute zum Bochumer Stadtmuseum. Am 3. April 1960 wurde mit einem Festakt und der Ausstellung „Bochum'60 – junge Deutsche Kunst" die städtische Kunstgalerie in der umgebauten Villa eröffnet.

Gestern wie heute stellt die Kurfürstenstraße gegenüber dem Stadtparkeingang eine der bevorzugten Bochumer Wohnlagen dar. Die Villen aus der Zeit vor dem Ersten Weltkrieg verweisen auf Geschmack und Vermögen ihrer Bewohner.

Im Hintergrund erheben sich die heute verschwundenen Schornsteine des Bochumer Vereins. In vielen Gaststätten des „Blaubuchsenviertels“, nach der blauen Arbeitskluft der Stahlkocher benannt, trafen sich die Hüttenarbeiter nach der Schicht zum Umtrunk. An der Einmündung der Diekampstraße, der früheren Schillerstraße, in die Rottstraße bietet ein Biergarten mit großen, schattenspendenden Bäumen Gemütlichkeit. Gegenüber zweigt die Kriemhild- oder frühere Beethovenstraße ab.

Mit einem einfachen Bretterhaus als Empfangsgebäude begann 1860 an dieser Stelle die Geschichte des ersten Bochumer Hauptbahnhofs. Dieses wurde 1872 durch ein festes, für Bochum standesgemäßes Bahnhofsgebäude ersetzt. Im Krieg wurde der Bahnhof zerstört. Zum Katholikentag 1949 wurde er als Provisorium wieder in Betrieb genommen. Von diesem Anlaß hat er auch seinen Namen „Katholiken Bahnhof". Ein grundlegender Bahnhofsneubau wurde notwendig. Am 29. Mai 1957 um 23.03 Uhr verließ der letzte Zug den alten Bochumer Hauptbahnhof, und am 30. Mai um 4.25 Uhr rollte der erste Zug in den neuen Hauptbahnhof, zwischen Universitätsstraße, Südring und Wittener Straße gelegen, ein.

Vor dem Handelshof beginnt heute das „Bermudadreieck“. Aus nah und fern kommen die Menschen hierher, um in den Kneipen und Straßencafés rund um den Handelshof vor allem bei gutem Wetter nächtelang draußen zu feiern. Früher hieß der Handelshof gegenüber dem ehemaligen Hauptbahnhof die Reisenden in der Bochumer Innenstadt willkommen. Er markierte mit der Bahnhofstraße quasi das Eingangstor zur Stadt für den Reisenden des Eisenbahnzeitalters.

TREFF PUNKT
BOCHUM
BERMUDA DREIECK
HANDELSHOF

Ein Nadelöhr erster Ordnung für den Verkehr war die Unterführung der Bahnhofstraße/Hattingerstraße als Ausfallstraße nach Süden immer gewesen. Die Bevölkerung taufte den neuralgischen Punkt „Mausefalle“. Erst die neue Verkehrsführung über die Königsallee trug zu einer Verbesserung der bisher schwierigen Verkehrssituation bei. An dem am rechten Bildrand gelegenen, von 1928 bis 1930 gebauten Büro-Hochhaus befand sich die erste laufende Leuchtschriftreklame des Ruhrgebiets.

Im Februar 1904 wurde mit dem Bau der breiten Königsallee begonnen. 1911 erfolgte der erste Spatenstich zum Bau des prächtigsten evangelischen Kirchenbaus in Bochum vor dem Ersten Weltkrieg: der Melanchton-Kirche. Am Himmelfahrtstag 1912 folgte die feierliche Grundsteinlegung. Bereits am 2. November 1913 konnte die Kirche eingeweiht werden.

Leichte, amüsante Unterhaltung sollte das „Orpheon“ oder im Volksmund „Apollotheater“ genannte, 1908 von Clemens Erlemann gebaute Haus an der Königsallee, Ecke Fürstenstraße seinem Publikum bieten. Doch die Rechnung ging nicht auf. 1914 mußte die Stadt Bochum das private Varieté übernehmen, umbauen und ihm als offiziellem Stadttheater neuen Lebensatem einhauchen. Im Krieg wurde das Haus zerstört. Bereits 1953 konnte an gleicher Stelle der Spielbetrieb wieder aufgenommen werden. Peter Zadek, Claus Peymann, Hans Schalla und andere brachten hier Inszenierungen auf die Bühne, die weit über die Bochumer Stadtgrenzen hinaus Beachtung fanden.

PETER
PAN
Sechs Personen suchen einen Autor

Trutzig erinnert der sterbende Löwe vor dem Schillergymnasium, dem früheren „Lyzeum II“, im Ehrenfeld an der Ecke Königsallee/Waldring an die Gefallenen des Ersten Weltkrieges. Von 1927 bis 1930 gebaut, wurde die Schule im Krieg erheblich in Mitleidenschaft gezogen. In den Jahren 1957 bis 1960 wurde sie mit beträchtlich erweitertem Raumangebot und unter Beibehaltung des Vorplatzes mit dem Denkmal wiederhergestellt. Das Denkmal ist jedes Jahr Zielscheibe eigenwilliger Abiturscherze.

Bergbau war für die Kumpel unter Tage immer schon ein gefährliches, hartes Brot. Um sie und ihre Familien vor materieller Not nach Tod, Unfällen und Invalidität zu bewahren, wurde die „Knappschaft“ als berufständische Krankenversicherung gegründet. Um ihnen medizinisch zu helfen, wurde in Bochum, der Stadt mit den meisten Zechen, 1880 als erstes Unfallkrankenhaus der Welt das „Bergmannsheil“ gegründet.

Die Entwicklung am „Bergmannsheil“ ist nicht stehengeblieben. Hier entwickelte sich eine der bedeutendsten und modernsten Unfallkliniken im Ruhrgebiet. Um auf der Höhe der Zeit zu bleiben, waren zahlreiche bauliche Veränderungen notwendig, in deren Zuge auch der Haupteingang verlegt wurde. Zwar sind die Pförtnerhäuschen noch vorhanden, doch finden die Krankenwagen mit Blaulicht und Martinshorn an anderer Stelle bessere Einfahrt. Einen besonderen Ruf genießt das „Bergmannsheil“ als Spezialklinik für Verbrennungsopfer.

Erstmals erwähnt wurde Weitmar in den Steuerregistern der Abtei Werden um 900. Das Rittergut mit dem 1592 von Johann von Hasenkamp gebauten „festen Haus“ kam 1780 in den Besitz der Familie Berswordt-Wallrabe.

Fliegerbomben legten am 13. Mai 1943 das Schloß Weitmar in Schutt und Asche. Zusammen mit der ebenfalls zerstörten und als Ruine erhaltenen Sylvesterkapelle hinter dem Herrenhaus erinnern die Überreste des Adelssitzes an die Schrecken des Bombenkrieges. Ein öffentlicher Park umgibt sie.

Idyllisch im Ruhrtal an der uralten Handelsstraße des kleinen oder unteren Hellwegs gelegen, hat sich der Ortskern Dahlhausen seinen Charakter erhalten. Früher grüßte hier Kaiser Wilhelm den Betrachter erhaben von seinem Denkmalssockel. Heute überschatten mächtige Bäume den malerischen Platz, an dem immer noch die gleichen Fachwerk- und reich verzierten Bürgerhäuser stehen.

Am 16.12.1869 wurde die Eisenbahnstrecke Dahlhausen über Hattingen zur Henrichshütte fertiggestellt. Weitere Streckenanbindungen kamen im Laufe der folgenden Jahre hinzu. Doch verfügte Dahlhausen in den ersten Jahren seiner Eisenbahnanbindung über keinen Bahnhof. Der Ort war lediglich ein Haltepunkt auf der Strecke. Ein erstes festes Bahnhofsgebäude, das sich aber bald als zu klein erwies, wurde 1874 gebaut. Im Jahr vor dem Ersten Weltkrieg wurde mit dem Bau des heute noch als S-Bahnhof in Betrieb befindlichen repräsentativen Bahnhofs begonnen. An einem Sonntag im Frühjahr 1917 konnte der erste Personenzug im Bahnhof Dahlhausen, von Essen kommend und in Richtung Hagen fahrend, abgefertigt werden. Die Verbundenheit Dahlhausens zur Bahn unterstreicht das Eisenbahnmuseum im ehemaligen Dahlhauser Eisenbahnbetriebswerk.

In Dr.-C.-Otto-Straße wurde die ehemalige Untere Bahnhofstraße umbenannt. Sie führt am Bahnhofsgebäude beginnend nach oben in Richtung Linden. Als Pionier der Kokereitechnik machte Dr. Carlos Otto den Namen „Dahlhausen“ weit über den Bochumer Raum in aller Welt bekannt. Darüber hinaus diente er seinem Heimatort nicht allein als Industrieller und Arbeitgeber, sondern betätigte sich auch politisch. Er lenkte Dahlhausens Geschicke als Gemeindevorsteher.

Am 1. August 1929 erfolgte die Eingemeindung der Großgemeinde Linden-Dahlhausen in die Großstadt Bochum. Vor dem Postamt, das sich in dem Gebäude rechts seit 1913 befindet, lag schon in den zwanziger Jahren ein kleiner, zum Verweilen einladender Park. Die Bäume sind in den Jahrzehnten groß geworden und spenden an warmen Tagen willkommenen Schatten.

Als Denkmal erinnert der Förderturm der ehemaligen Zeche „Brockhauser Tiefbau“ an die Anfänge des Bergbaus im Bochumer Süden. Das Bergwerk wurde 1873 durch die Zusammenlegung von fünf älteren Stollenzechen gegründet. Die Stillegung erfolgte bereits 1912. Der 25 Meter hohe Malakowturm, der schlichteste seiner Art im Ruhrgebiet, steht unter Denkmalschutz.

Zusammen mit einer Gastwirtschaft wurde im Haus „Nattkemper“ ein Tuchladen betrieben. Als erster bekannter Wirt hat sich Friedrich Wilhelm Best in das Gedächtnis der Stiepeler Bürger eingeprägt. Sein Nachfolger wurde dann Karl Nattkemper. Die Bezeichnung „Best'scher Saal“ ist immer noch zu hören.

Heute befindet sich in dem mittlerweile verputzten Gebäude das evangelische Gemeindehaus. Immer wieder treffen sich hier die Stiepeler zu großen Anlässen und Feiern wie der 900-Jahr-Feier der Stiepeler Dorfkirche im Hintergrund, der Amtseinführung neuer Pastoren oder der Verabschiedung der alten. Auch Vereinen und Schulen steht das Haus für Feiern offen.

Ein griechisches Spezialitätenrestaurant ist mittlerweile in der alten Stiepeler Traditionsgaststätte „Hasenkamp“, die früher nach ihrem ersten Wirt „Bi Hautkappe“ hieß, eingezogen. Als besondere Attraktion ließ der Wirt 1912 ein elektrisches Orchestrion einbauen. Die Orgel war bis 1955 in Betrieb, bis sie einer modernen Musikbox Platz machen mußte.

Eine Fähre verband an dieser Stelle von 1758 bis 1960 zwischen Stiepel und Blankenstein die Ufer der Ruhr. Als „eiserner Gustav“ prägte sich der letzte Fährmann, Gustav Diergardt, ins Gedächtnis der Menschen ein. Seine Familie betreibt heute die beliebte Ausflugsgaststätte „Zur alten Fähre“. Nebenan ist ein Kanuclub zu Hause.